škola - escola	2
cesta - viatge	5
doprava - transport	8
mesto - ciutat	10
terén - paisatge	14
reštaurácia - restaurant	17
supermarket - supermercat	20
nápoje - begudes	22
jedlo - menjar	23
farma - granja	27
dom - casa	31
obývačka - sala d'estar	33
kuchyňa - cuina	35
kúpeľňa - bany	38
detská izba - cambra de nen	42
šatstvo - roba	44
kancelária - oficina	49
hospodárstvo - economia	51
povolania - oficis	53
náradie - eines	56
hudobné nástroje - instrument de música	57
ZOO - zoo	59
šport - esports	62
aktivity - activitats	63
rodina - família	67
telo - cos	68
nemocnica - hospital	72
urgentný prípad - urgència	76
Zem - terra	77
hodiny - rellotge	79
týždeň - setmana	80
rok - any	81
tvary - formes	83
farby - colors	84
protiklady - oposats	85
čísla - nombres	88
jazyky - llengües	90
kto/čo/ako - qui / què / com	91
kde - on	92

AF216146

Impressum
Verlag: BABADADA GmbH, Nedderfeld 112 , 22529 Hamburg
Geschäftsführer / Verlagsleitung: Harald Hof
Druck: Books on Demand GmbH, In de Tarpen 42, 22848 Norderstedt

Imprint
Publisher: BABADADA GmbH, Nedderfeld 112 , 22529 Hamburg, Germany
Managing Director / Publishing direction: Harald Hof
Print: Books on Demand GmbH, In de Tarpen 42, 22848 Norderstedt

škola

escola

trieda / classe

deliť / dividir

186/2

tabuľa / tauler

školský dvor / pati (de l'escola)

učiteľ / professor

papier / paper

písať / escriure

pero / estilogràfica

písací stôl / escriptori

pravítko / regle

kniha / llibre

žiak / estudiant

školská taška
bossa

peračník
estoig

ceruza
llapis

strúhadlo na ceruzky
maquineta de fer punta

guma
goma

skicár
bloc de dibuix

kresba

dibuix

štetec

pinzell

vodové farby

capsa de pintures

nožnice

tisores

lepidlo

cola

cvičný zošit

quadern d'exercicis

domáca úloha

deures

číslo

nombre

2+2

sčítať

afegir

5-2

odčítať

sostreure

2×2

násobiť

multiplicar

počítať

calcular

A

písmeno

lletra

ABCDEFG
HIJKLMN
OPQRSTU
VWXYZ

abeceda

alfabet

slovo

mot

text

text

čítať

llegir

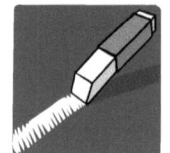

krieda

guix

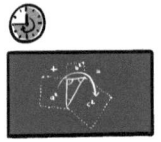

hodina

lliçó

triedna kniha

llibre de classe

skúška

examen

certifikát

certificat

školská uniforma

uniforme escolar

vzdelanie

formació

encyklopédia

enciclopèdia

univerzita

universitat

mikroskop

microscopi

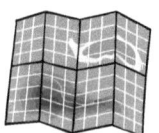

mapa

mapa

kôš na papier

paperera

cesta
viatge

hotel
hotel
Grand
nocľaháreň
alberg
ROOMS
zmenáreň
oficina de canvi
CHANGE
kufor
maleta
auto
automòbil

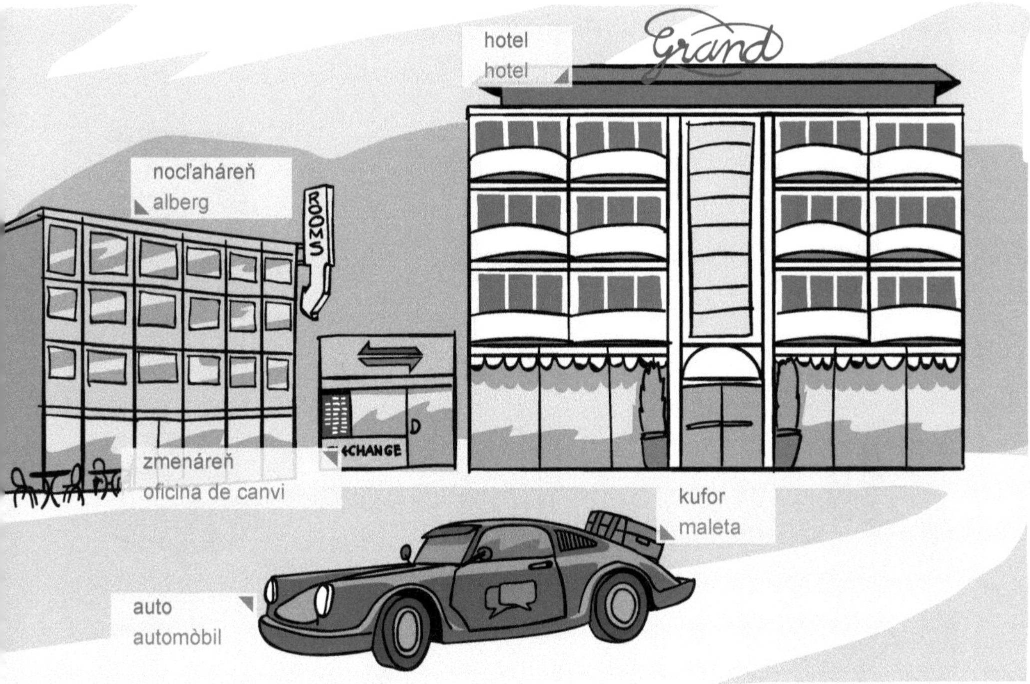

jazyk

llengua

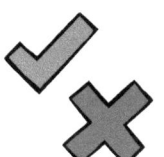

áno/nie

sí / no

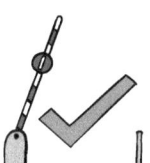

v poriadku

D'acord

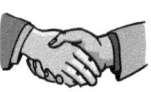

ahoj

Ey!

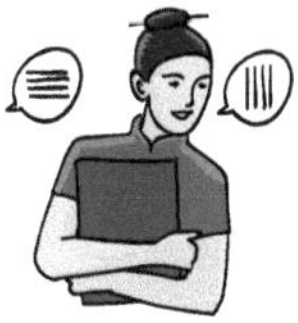

prekladateľ

traductora

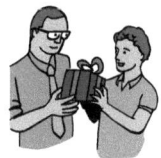

ďakujem

gràcies

Koľko stojí ... ?

Quant costa... ?

Nerozumiem

No entenc

problém

problema

Dobrý večer!

Bona nit!

Dobré ráno!

bon dia!

Dobrú noc!

bona nit!

Dovidenia

fins aviat

smer

direcció

batožina

bagatge

taška

bossa

batoh

sarrona

hosť

convidat

izba

cambra

spacák

sac de dormir

stan

tenda

informácie pre turistov

oficina de turisme

pláž

platja

kreditná karta

carta de crèdit

raňajky

esmorzar

obed

dinar

večera

sopar

cestovný lístok

bitllet

výťah

ascensor

poštová známka

segell

hranica

frontera

clo

duana

veľvyslanectvo

ambaixada

vízum

visat

cestovný pas

passaport

doprava
transport

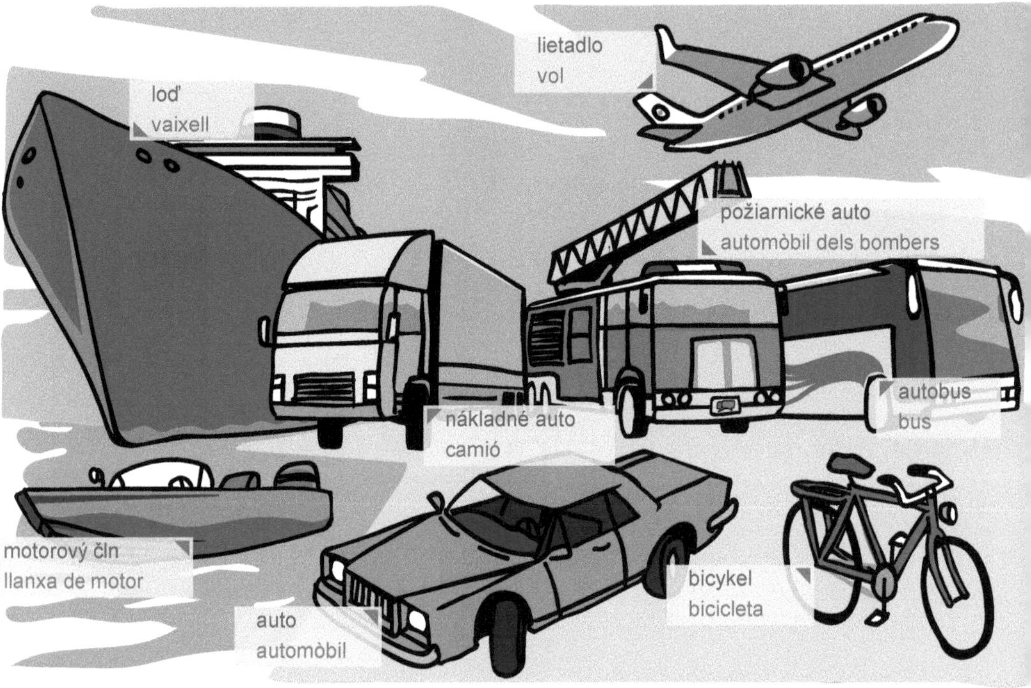
lietadlo
vol
loď
vaixell
požiarnické auto
automòbil dels bombers
autobus
bus
nákladné auto
camió
motorový čln
llanxa de motor
bicykel
bicicleta
auto
automòbil

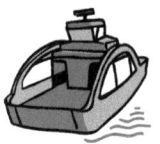

trajekt
transbordador

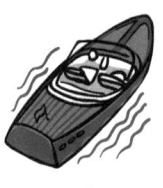

loď
barca

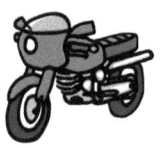

motorka
moto

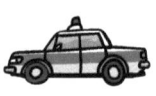

policajné auto
automòbil de policia

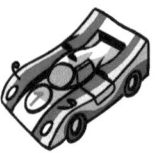

pretekárske auto
automòbil de curses

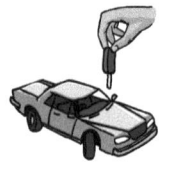

vozidlo z požičovne
automòbil de lloguer

carsharing

vehicle compartit

odťahové auto

grua

smetiarske auto

camió de les escombraries

motor

motor

benzín

benzina

čerpacia stanica

benzineria

dopravná značka

senyal de trànsit

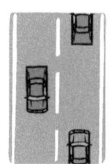

premávka

trànsit

zápcha

embús

parkovisko

aparcament

vlaková stanica

estació de trens

trate

vies

vlak

tren

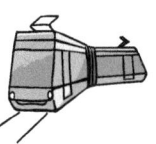

električka

tramvia

vagón

vagó

helikoptéra

helicòpter

letisko

aeroport

veža

torre

pasažier

passatger

kontajner

contenidor

kartón

capsa de cartó

vozík

carretó

kôš

cistella

štartovať / pristáť

enlairar-se / aterrar

mesto

ciutat

dedina

poble

centrum mesta

centre de la ciutat

dom

casa

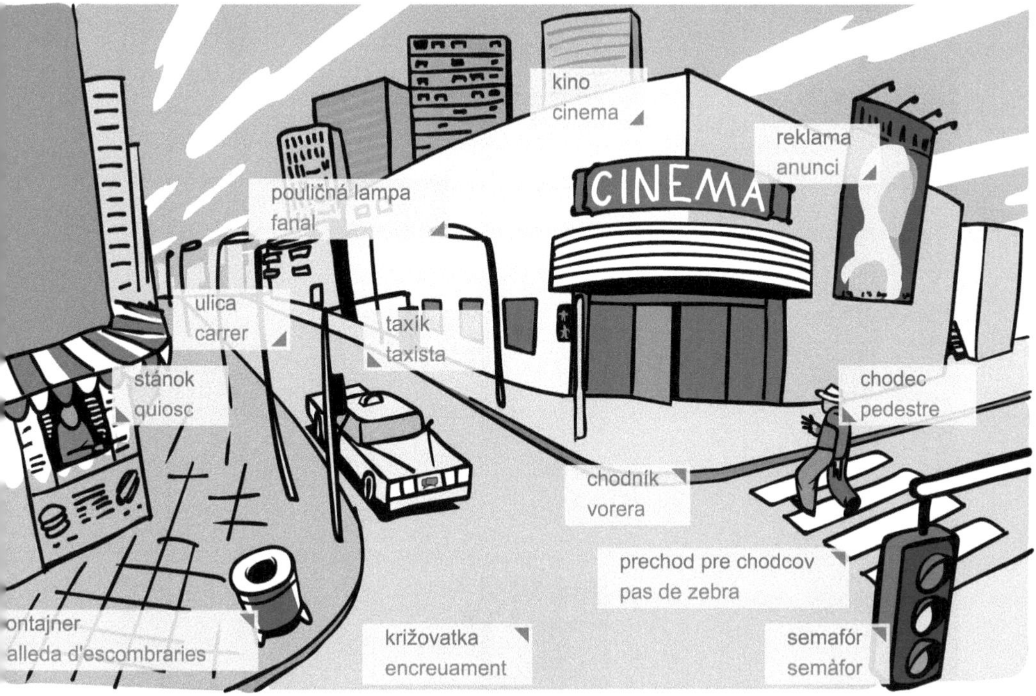

kino
cinema

reklama
anunci

pouličná lampa
fanal

CINEMA

ulica
carrer

taxik
taxista

stánok
quiosc

chodec
pedestre

chodník
vorera

prechod pre chodcov
pas de zebra

ontajner
alleda d'escombraries

križovatka
encreuament

semafór
semàfor

chata

cabana

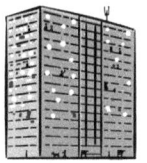

byt

apartament

vlaková stanica

estació de trens

radnica

casa de la vila-ciutat

múzeum

museu

škola

escola

univerzita

universitat

banka

banca

nemocnica

hospital

hotel

hotel

lekáreň

farmàcia

kancelária

oficina

kníhkupectvo

llibreria

obchod

botiga

kvetinárstvo

floristeria

supermarket

supermercat

trh

mercat

obchodný dom

gran magatzem

obchodník s rybami

peixateria

nákupné stredisko

centre comercial

prístav

port

park
parc

lavička
banc

most
pont

schody
escala

metro
metro

tunel
túnel

autobusová zastávka
parada d'autobús

bar
bar

reštaurácia
restaurant

poštová schránka
bústia de correu

tabuľa s názvom ulice
senyal indicador

parkovacie hodiny
parquímetre

ZOO
zoo

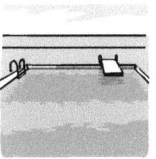

plaváreň
piscina

mešita
mesquita

farma
granja

znečisťovanie životného prostredia
pol·lució

cintorín
cementiri

kostol
església

ihrisko
parc infantil

chrám
temple

terén
paisatge

![Landscape scene]

list
fulla

smerová tabuľa
cartell indícador

cesta
camí

lúka
prat

kameň
pedra

strom
arbre

turista
excursionista

rieka
riu

tráva
gespa

kvet
flor

dolina

vall

kopec

muntanya

jazero

llac

les

bosc

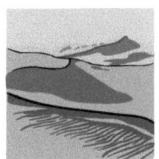

púšť

desert

vulkán

volcà

zámok

castell

dúha

arc de Sant Martí

hríb

bolet

palma

palmera

komár

moscard

mucha

mosca

mravec

formiga

včela

abella

pavúk

aranya

chrobák

escarabat

žaba

granota

veverička

esquirol

jež

eriçó

zajac

llebre

sova

òliba

vták

ocell

labuť

cigne

diviak

senglar

jeleň

cervo

los

ant

hrádza

presa

veterná turbína

turbina

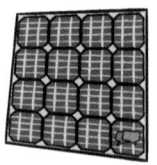

solárny panel

panell solar

podnebie

clima

reštaurácia
restaurant

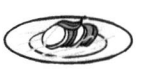

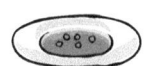

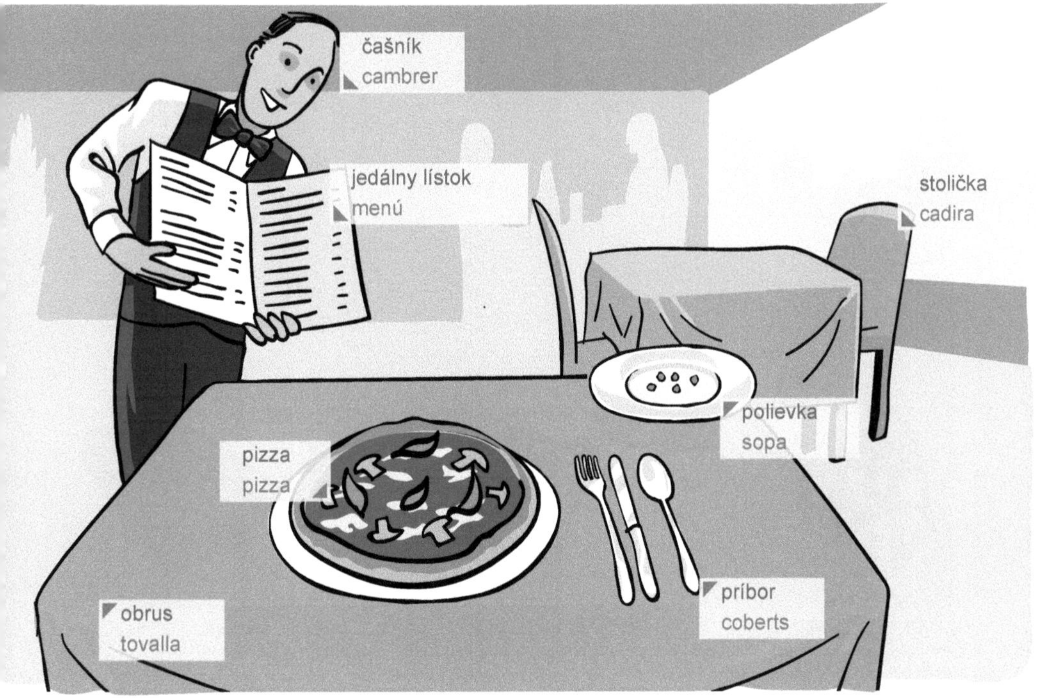
čašník
cambrer
jedálny lístok
menú
stolička
cadira
polievka
sopa
pizza
pizza
príbor
coberts
obrus
tovalla

predjedlo

primer plat

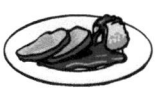

hlavné jedlo

plat principal

zákusok

darreries

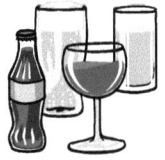

nápoje

begudes

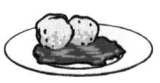

jedlo

menjar

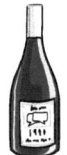

fľaša

ampolla

fast-food
menjar ràpid

street food
menjar de carrer

kanvica na čaj
tetera

cukornička
sucrer

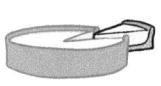

porcia
porció

stroj na espresso
màquina d'espresso

detská stolička
trona

účet
factura

podnos
plata

nôž
ganivet

vidlička
forqueta

lyžica
cullera

čajová lyžička
cullereta

obrúsok
tovalló

pohár
got

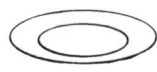

tanier

plat

hlboký tanier

plat de sopa

podšálka

plateret

omáčka

salsa

soľnička

saler

mlynček na korenie

molinet de pebre

ocot

vinagre

olej

oli

korenie

espècies

kečup

quètxup

horčica

mostassa

majonéza

maionesa

supermarket
supermercat

špeciálna ponuka
oferta especial
FOR
klient
client
mliečne výrobky
productes lactis
ovocie
fruites
nákupný vozík
carret de la compra

BUTCHERS

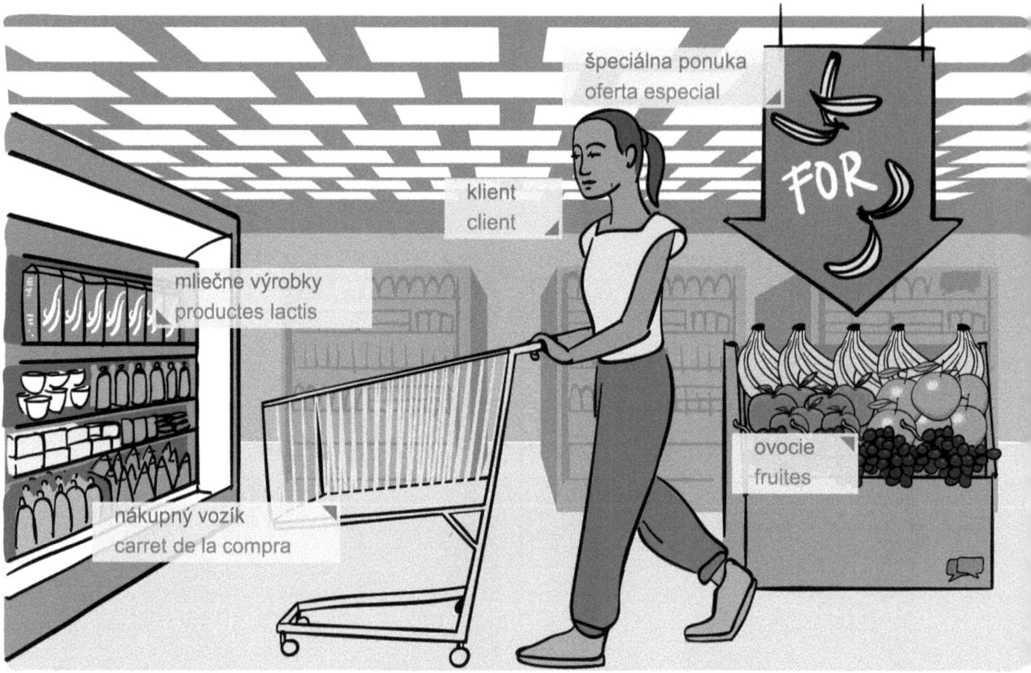

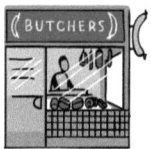

mäsiarstvo

carnisseria

BAKERY

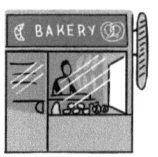

pekáreň

forn de pa

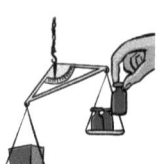

vážiť

pesar

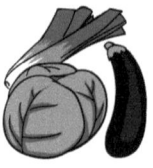

zelenina

verdures

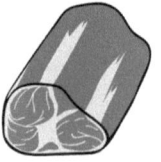

mäso

carn

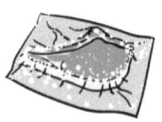

mrazené potraviny

menjar congelat

nárez

carn freda

konzervy

conserves

prací prostriedok

detergent en pols

sladkosti

dolços

domáce potreby

articles domèstics

čistiace prostriedky

productes de neteja

predavačka

venedora

pokladňa

caixa registradora

pokladník

caixera

nákupný zoznam

llista de la compra

otváracie hodiny

horari d'obertura

peňaženka

portamonedes

kreditná karta

carta de crèdit

taška

bossa

plastové vrecko

bossa de plàstic

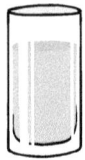

voda

aigua

džús

suc

mlieko

llet

kola

coca-cola

víno

vi

pivo

cervesa

alkohol

alcohol

kakao

cacau

čaj

te

káva

cafè

espresso

espresso

kapučíno

cappuccino

banán

banana

jablko

poma

pomaranč

taronja

melón

síndria

citrón

llimona

mrkva

pastanaga

cesnak

all

bambus

bambú

cibuľa

ceba

hríb

bolet

orechy

avellanes

rezance

fideus

špagety

espaguetis

ryža

arròs

šalát

amanida

hranolky

patates fregides

pečené zemiaky

patates fregides

pizza

pizza

hamburger

hamburguesa

obložený chlebík

entrepà

rezeň

escalopa

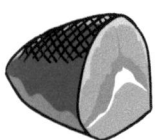

šunka

cuixot

saláma

salami

klobása

salsitxa

kurča

pollastre

pečené mäso

rostit

ryba

peix

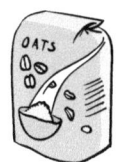

ovsené vločky

flocs de civada

müsli

musli

kukuričné lupienky

cereals

múka

farina

croissant

croissant

pečivo

panet

chlieb

pa

hrianka

torrada

sušienky

bescuits

maslo

mantega

tvaroh

mató

koláč

pastís

vajce

ou

volské oko

ou fregit

syr

formatge

zmrzlina

gelat

cukor

sucre

med

mel

lekvár

melmelada

nugátová nátierka

crema de xocolata

karí korenie

curri

jedlo - menjar

farma
granja

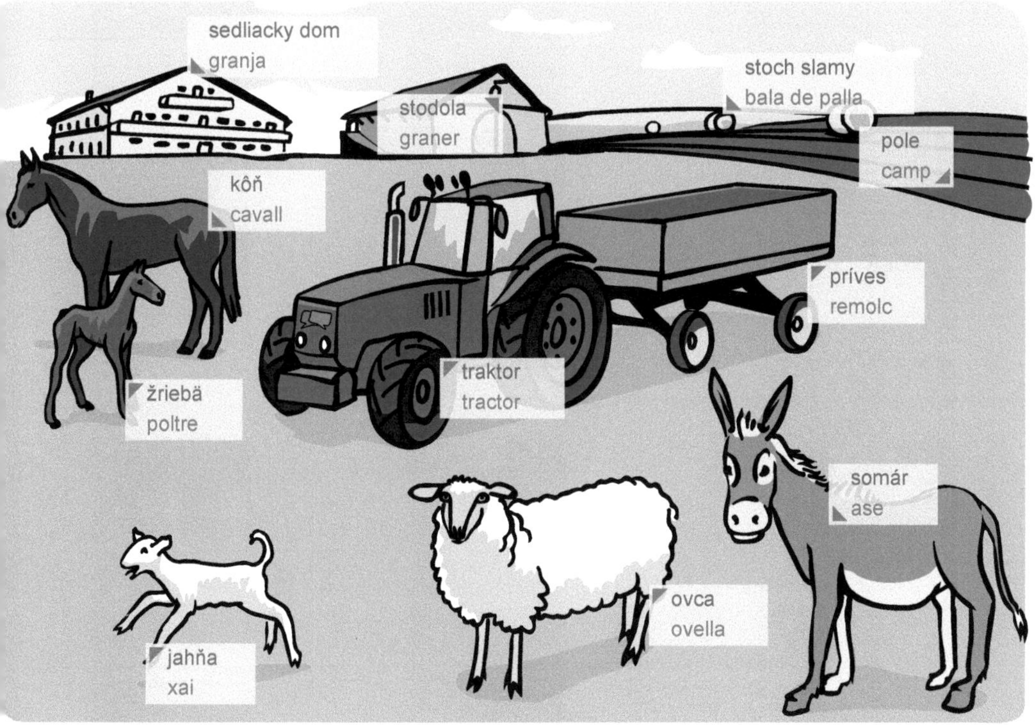
sedliacky dom
granja
stodola
graner
stoch slamy
bala de palla
pole
camp
kôň
cavall
príves
remolc
traktor
tractor
žriebä
poltre
somár
ase
ovca
ovella
jahňa
xai

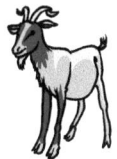

koza
cabra

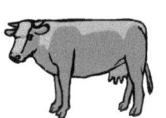

krava
vaca

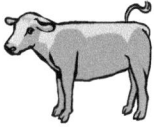

teľa
vedella

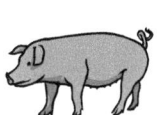

prasa
porc

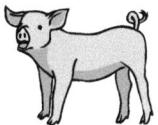

prasiatko
garrí

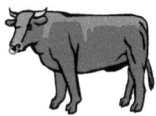

býk
bou

hus
oca

kačica
ànec

kuriatko
poll

sliepka
gall

kohút
gallina

potkan
rata

mačka
gat

myš
ratolí

vôl
bou

pes
gos

psia búda
gossera

záhradná hadica
mànega de regar

krhla
regadora

kosa
dalla

pluh
arada

kosák

falç

motyka

aixada

vidly na hnoj

forca

sekera

destral

fúrik

carretó

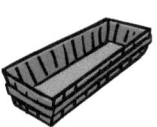

koryto

abeurador

kanva na mlieko

lletera

vrece

sac

plot

tanca

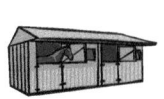

maštaľ

establa

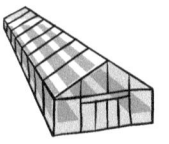

skleník

hivernacle

pôda

sòl

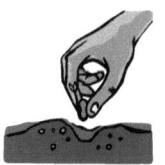

osivo

llavor

hnojivo

adob

kombajn

collidora

žať
collir

žatva
collita

batát
nyam

pšenica
blat

sója
soja

zemiak
patata

kukurica
blat de moro o d'indi

repka
colza

ovocný strom
arbre fruiter

maniok
mandioca

obilie
cereals

dom
casa

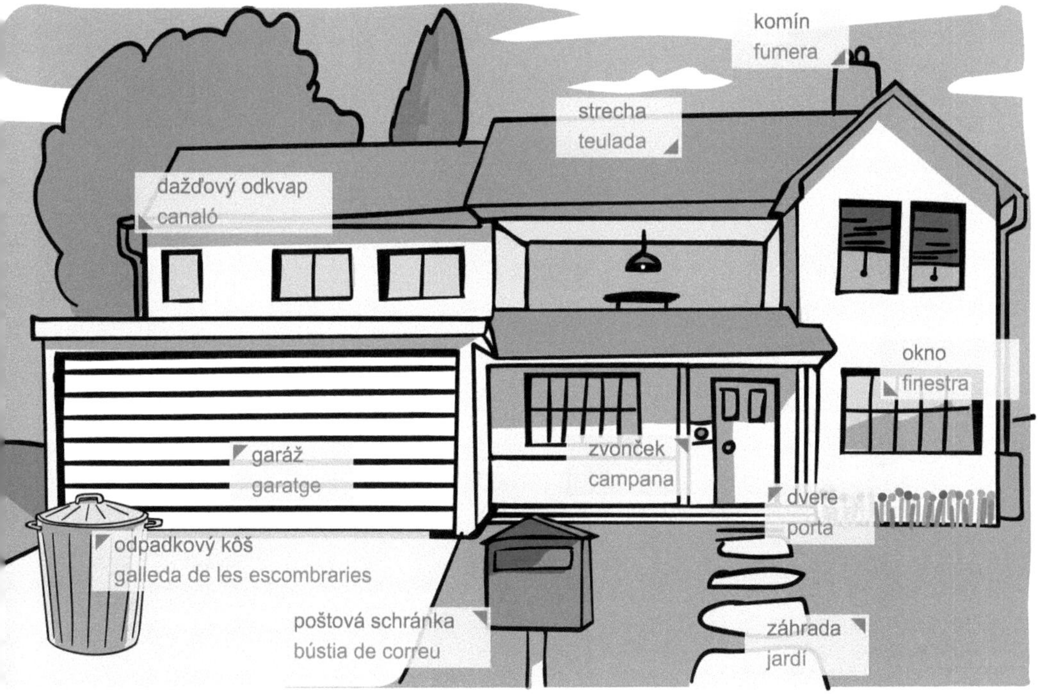
komín
fumera
strecha
teulada
dažďový odkvap
canaló
okno
finestra
garáž
garatge
zvonček
campana
dvere
porta
odpadkový kôš
galleda de les escombraries
poštová schránka
bústia de correu
záhrada
jardí

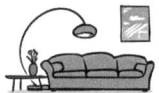

obývačka

sala d'estar

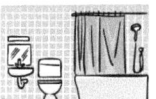

kúpeľňa

bany

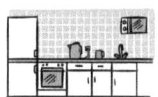

kuchyňa

cuina

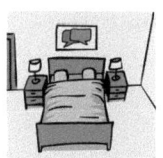

spálňa

cambra de dormir

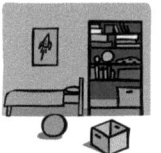

detská izba

cambra de nen

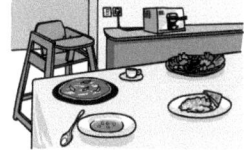

jedáleň

menjador

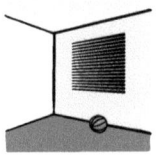

podlaha

sòl

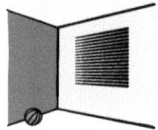

stena

paret

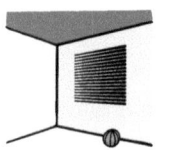

strop

sostre

pivnica

soterrani

sauna

sauna

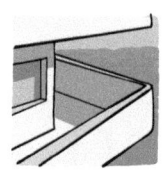

balkón

balcó

terasa

terrassa

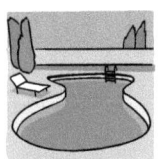

bazén

piscina

kosačka

tallagespa

obliečka

vànova

posteľná prikrývka

cobrellit

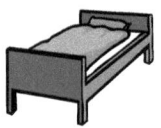

posteľ

llit

metla

escombra

vedro

galleda

vypínač

interruptor

obývačka
sala d'estar

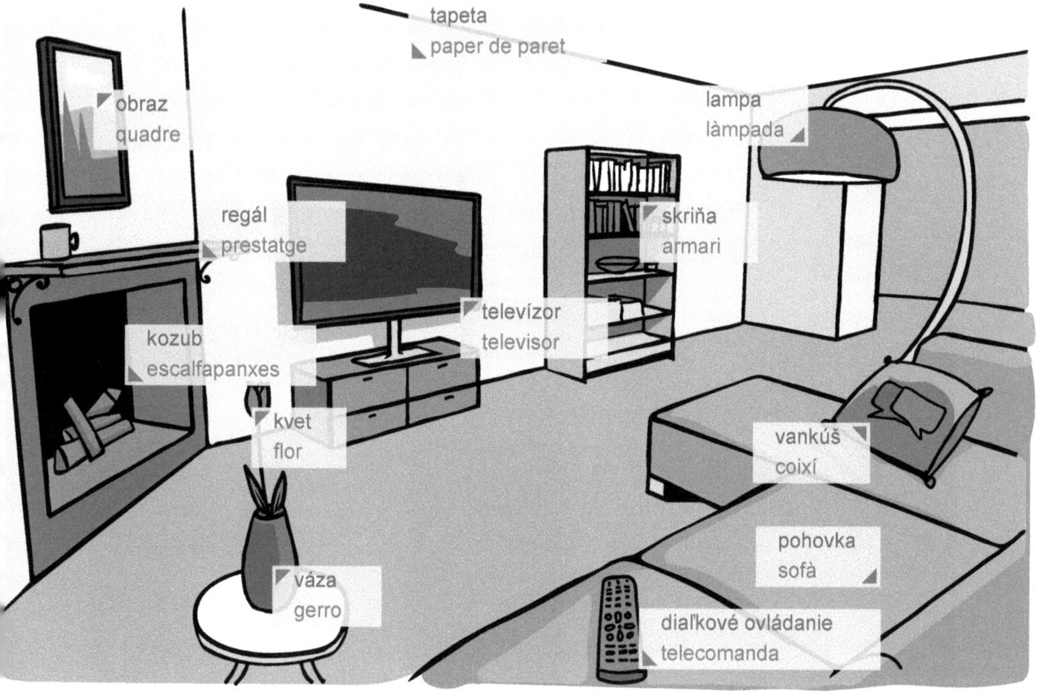
tapeta
paper de paret
obraz
quadre
lampa
làmpada
regál
prestatge
skriňa
armari
televízor
televisor
kozub
escalfapanxes
kvet
flor
vankúš
coixí
pohovka
sofà
váza
gerro
diaľkové ovládanie
telecomanda

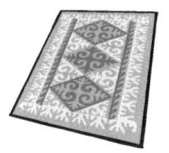

koberec

catifa

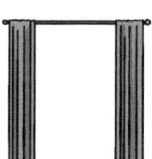

záclona

cortina

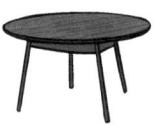

stôl

taula

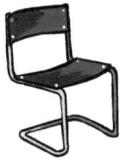

stolička

cadira

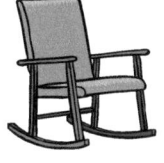

hojdacie kreslo

cadira gronxadora

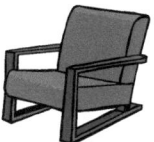

kreslo

cadiral

kniha

llibre

prikrývka

llençol

dekorácia

decoració

drevo na kúrenie

llenya

film

film

hi-fi veža

cadena de música

kľúč

clau

noviny

diari

maľba

pintura

plagát

cartell

rádio

ràdio

zápisník

bloc de notes

vysávač

aspiradora

kaktus

cactus

sviečka

candela

kuchyňa
cuina

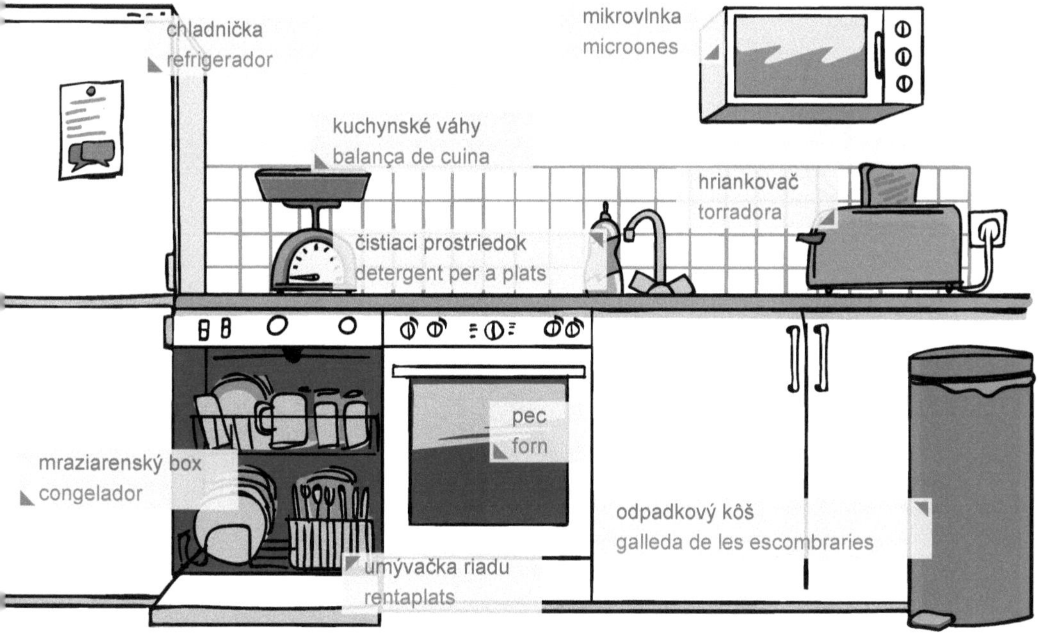
chladnička
refrigerador
mikrovlnka
microones
kuchynské váhy
balança de cuina
hriankovač
torradora
čistiaci prostriedok
detergent per a plats
pec
forn
mraziarenský box
congelador
odpadkový kôš
galleda de les escombraries
umývačka riadu
rentaplats

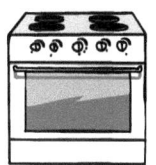

sporák
cuina de fogons

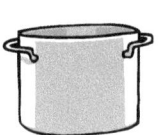

hrniec
olla

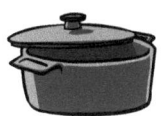

železný hrniec
olla de ferro colat

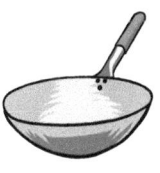

wok / kadai
wok / karahi

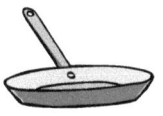

panvica
paella

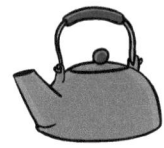

rýchlovarná kanvica
bullidor

parný hrniec

olla de vapor

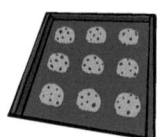

plech na pečenie

plata de forn

riad

vaixella

pohár

tassa grossa

misa

bol

paličky

bastonets xinesos

naberačka na polievku

culler

stierka

espàtula

metlička

batedor

cedidlo

colador

sitko

sedàs

strúhadlo

ratllador

mažiar

morter

gril

barbacoa

ohnisko

foc a terra

doska na krájanie

taula de tallar

valček na cesto

corró

vývrtka

llevataps

konzerva

pot de conserva

otvárač na konzervy

obridor

chňapka

agafador

výlevka

aigüera

kefa

raspall

hubka

esponja

mixér

batedora

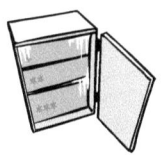

mraznička

congelador

kojenecká fľaša

biberó

vodovodný kohútik

aixeta

kúpeľňa
bany

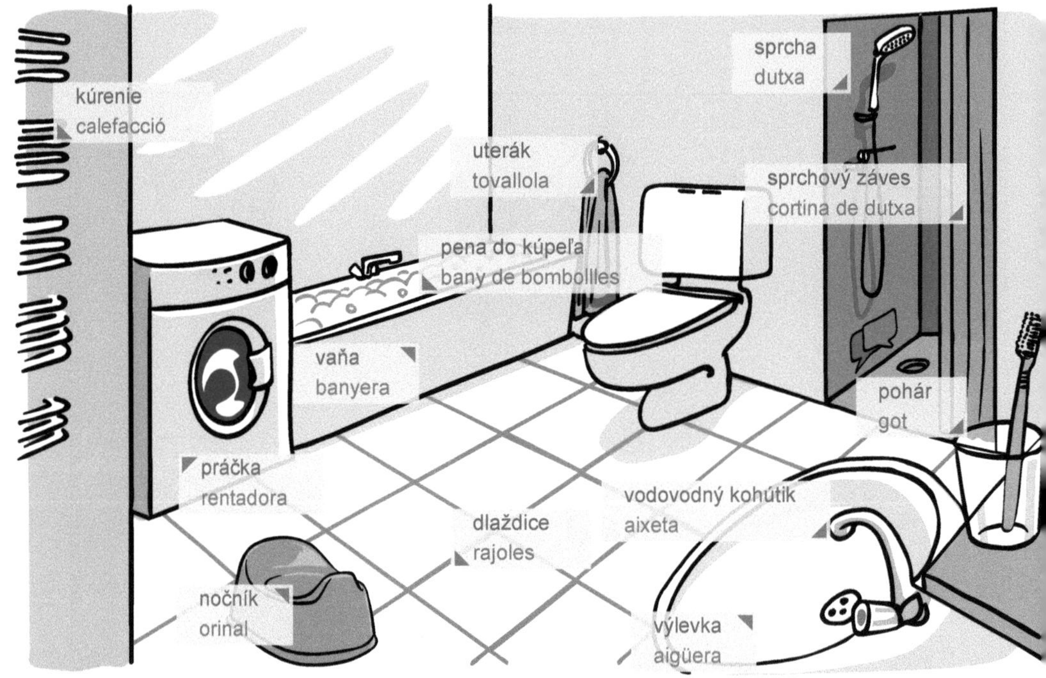

sprcha
dutxa
kúrenie
calefacció
uterák
tovallola
sprchový záves
cortina de dutxa
pena do kúpeľa
bany de bombolles
vaňa
banyera
pohár
got
práčka
rentadora
vodovodný kohútik
aixeta
dlaždice
rajoles
nočník
orinal
výlevka
aigüera

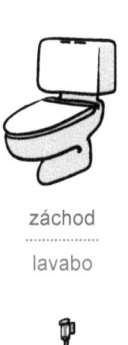

záchod
lavabo

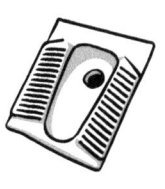

suchý záchod
lavabo turc

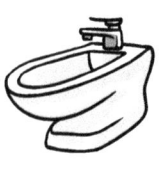

bidet
bidet

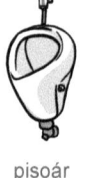

pisoár
orinador

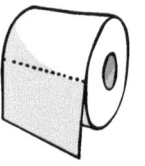

toaletný papier
paper higiènic

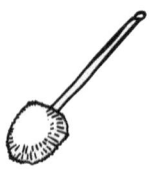

záchodová kefa
escombreta de sanitari

zubná kefka

raspall de dents

zubná pasta

pasta de dents

dentálna niť

fil dental

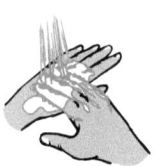

umývať

rentar

ručná sprcha

pom de dutxa

sprcha pre intímnu hygienu

dutxa íntima

umývadlo

rentamans

kefa na chrbát

raspall per a l'esquena

mydlo

sabó

sprchový gél

gel de dutxa

šampón

xampú

frotírová rukavica

manyopla de bany

odtok

bonera

krém

crema

dezodorant

desodorant

zrkadlo

mirall

kozmetické zrkadlo

mirall-espill de mà

žiletka

maquineta de rasar

pena na holenie

espuma de barbejar

voda po holení

loció post-rasada

hrebeň

pinta

kefa

raspall

sušič vlasov

eixugador

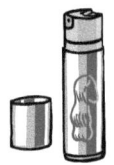

sprej na vlasy

laca

make-up

maquillatge

rúž

pintallavis

lak na nechty

esmalt d'ungles

vata

cotó

nožnice na nechty

tallaungles

parfum

perfum

kozmetická taška

estoig de bellesa

stolček

tamboret

váha

bàscula

kúpací plášť

barnús

gumové rukavice

guants de goma

tampón

compresa higiènica

menštruačná vložka

compresa

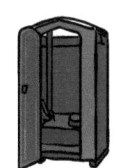

chemické WC

sanitari químic

detská izba

cambra de nen

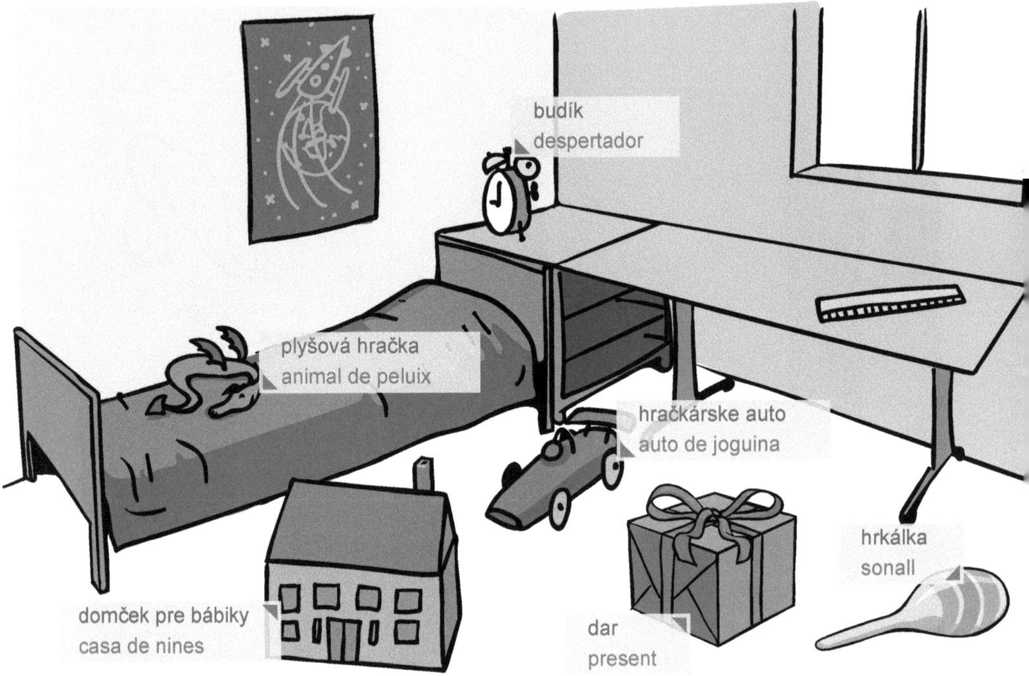

budík
despertador
plyšová hračka
animal de peluix
hračkárske auto
auto de joguina
hrkálka
sonall
domček pre bábiky
casa de nines
dar
present

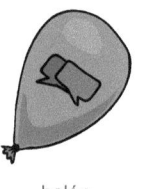

balón
balό

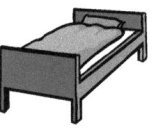

posteľ
llit

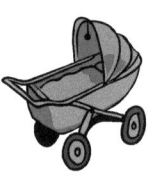

detský kočík
cotxet per a nens

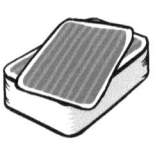

karty
joc de cartes

puzzle
trencaclosca

SUPER MEGA

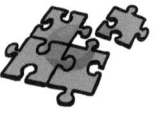

komix
historieta

skladačka lego

peces de lego

stavebnica

peces de construcció

akčná postavička

ninot d'acció

dupačky

granota

lietajúci tanier

frisbee

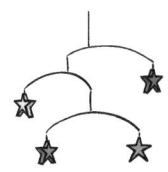

závesné hračky

mòbil per a bressol

stolová hra

joc de taula

kocka

daus

modelový vláčik

tren elèctric

cumlík

xumet

párty

festa

obrázková kniha

llibre de dibuixos

lopta

pilota

bábika

nina

hrať sa

jugar

pieskovisko

sorrera

hojdačka

gronxador

hračky

joguines

hracia konzola

consola de jocs de vídeo

trojkolka

tricicle

medvedík

osset de peluix

šatník

armari

šatstvo

roba

ponožky

mitjons

pančuchy

mitges

pančuchové nohavičky

mitja pantaló

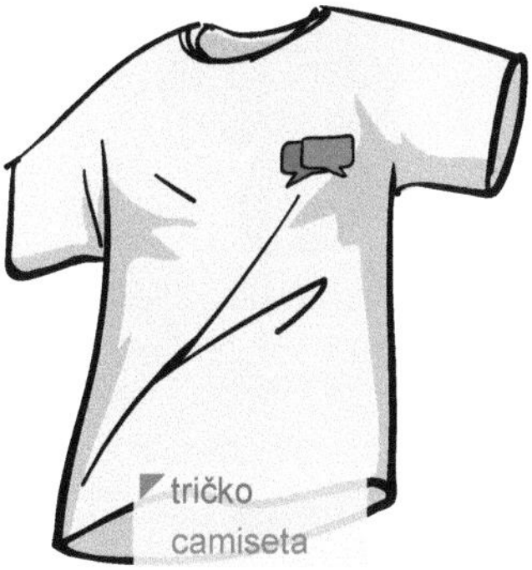

šál
tapacoll

opasok
cintura

dáždnik
paraigua

tričko
camiseta

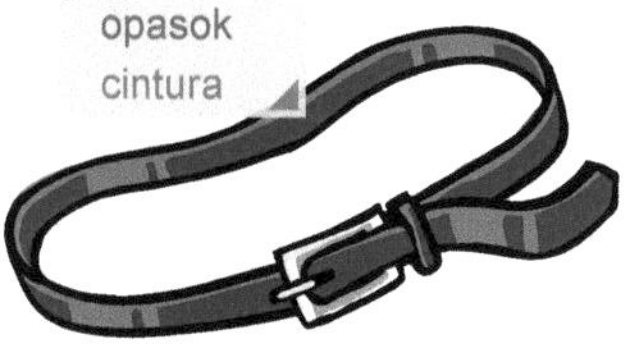

teniska
sabates d'esport

čižmy
botes

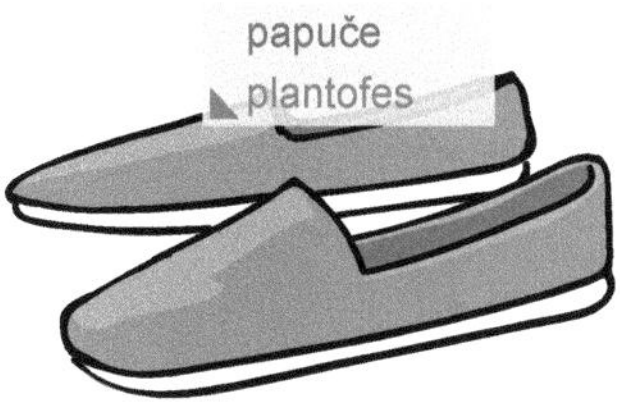

papuče
plantofes

sandále
sandàlies

topánky
sabates

gumáky
botes de goma

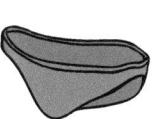
spodky
calçonets

podprsenka
sostenidor

tielko
guardapits

body

jjustacòs

nohavice

pantalons

džínsy

jeans

sukňa

faldeta

blúzka

brusa

košeľa

camisa

pulóver

jersei

sveter

dessuadora

blejzer

blazer

bunda

jaqueta

kabát

mantell

pršiplášť

impermeable

kostým

vestit de dona

šaty

vestit de dona

svadobné šaty

vestit de núvia

oblek

vestit d'home

nočná košeľa

camisa de dormir

pyžamo

pijama

sari

sari

šatka na hlavu

mocador de cap

turban

turbant

burka

burca

kaftan

caftan

abaja

abaia

dvojdielne plavky

vestit de bany

plavky

calçon(et)s de bany

šortky

pantalons curts

teplákova súprava

xandall

zástera

davantal

rukavice

guants

gombík

botó

okuliare

ulleres

náramok

braçalet

retiazka

collaret

prsteň

anell

náušnica

orellera

čiapka

casquet

vešiak

penjador

klobúk

capell

kravata

corbata

zips

cremallera

prilba

casc

traky

elàstics

školská uniforma

uniforme escolar

uniforma

uniforme

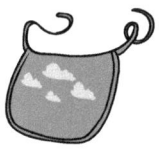

podbradník

pitet

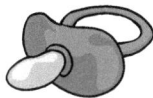

cumlík

xumet

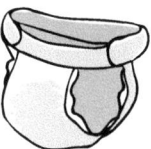

plienka

bolquer

kancelária

oficina

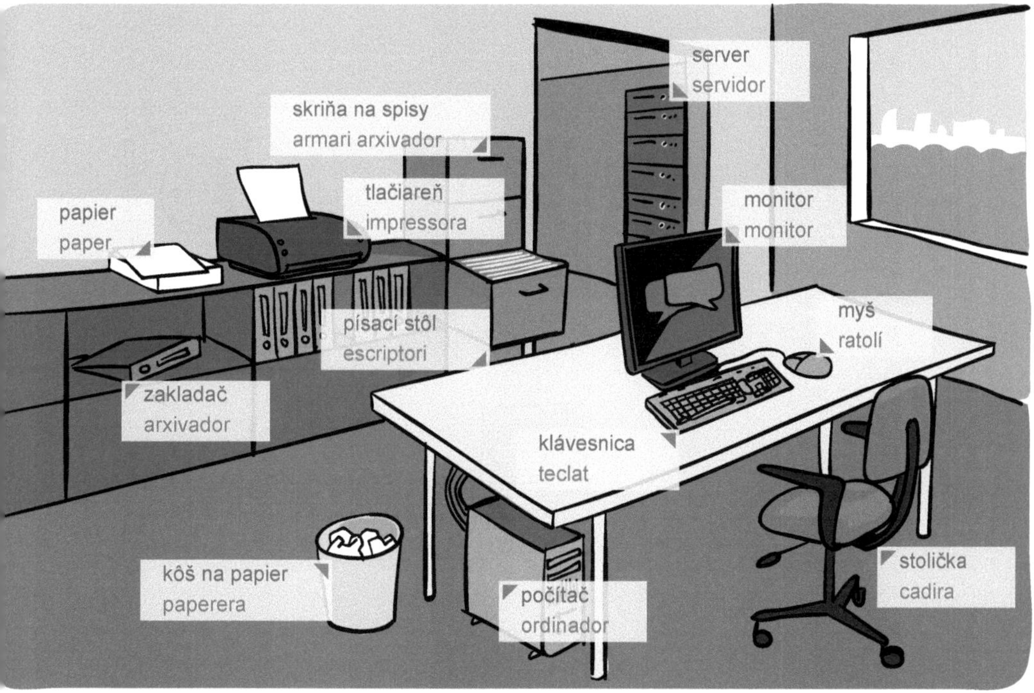

server
servidor
skriňa na spisy
armari arxivador
tlačiareň
impressora
papier
paper
monitor
monitor
písací stôl
escriptori
myš
ratolí
zakladač
arxivador
klávesnica
teclat
stolička
cadira
kôš na papier
paperera
počítač
ordinador

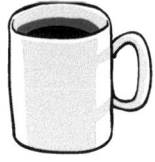

hrnček na kávu

tassa de cafè

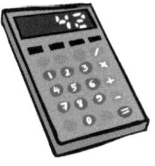

kalkulačka

calculadora

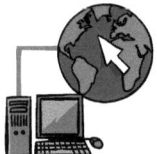

internet

Internet

laptop

ordinador portàtil

list

lletra

správa

missatge

mobil

mòbil

sieť

xarxa

kopírka

fotocopiadora

softvér

programari

telefón

telèfon

elektrická zásuvka

presa de corrent

fax

fax

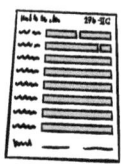

formulár

formulari

doklad

document

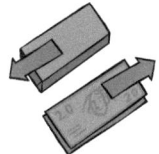

kúpiť

comprar

platiť

pagar

obchodovať

comerciar

peniaze

diners

dolár

dòlar

euro

euro

jen

ien

rubeľ

ruble

švajčiarsky frank

franc suís

čínsky jüan

renminbi

rupia

rupia

bankomat

caixa automàtica

zmenáreň

oficina de canvi

zlato

or

striebro

argent

ropa

petroli

energia

energia

cena

preu

zmluva

contracte

daň

impost

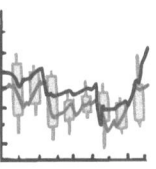

akcia

acció

pracovať

treballar

zamestnanec

treballador

zamestnávateľ

empresari

továreň

fàbrica

obchod

botiga

povolania
oficis

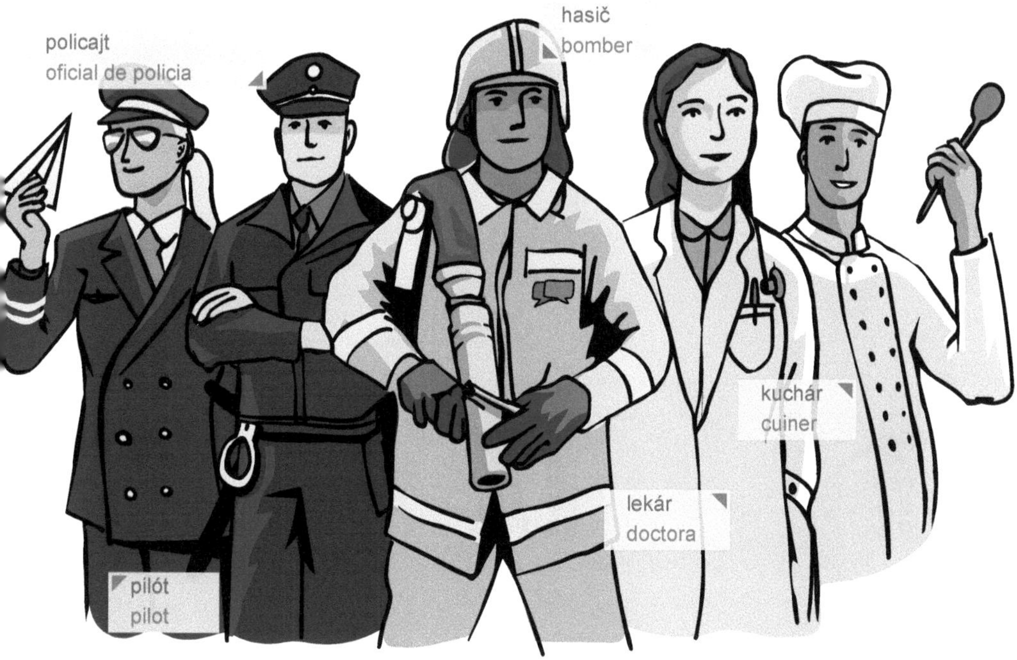
policajt
oficial de policia
hasič
bomber
kuchár
cuiner
lekár
doctora
pilót
pilot

záhradník

jardiner

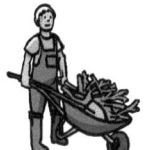

stolár

fuster

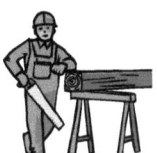

krajčírka

costurera

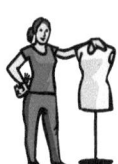

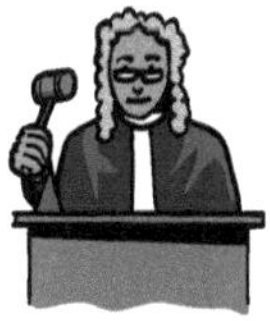

sudca

jutge

chemik

química

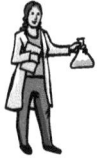

herec

actor

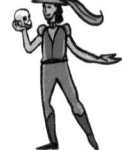

vodič autobusu

conductor d'autobús

taxikár

taxista

rybár

pescador

upratovačka

dona de la neteja

pokrývač

ensostrador

čašník

cambrer

poľovník

caçador

maliar

pintor

pekár

forner

elektrikár

electricista

stavebný robotník

obrer de la construcció

inžinier

enginyer

mäsiar

carnisser

klampiar

llanterner

poštár

correu

vojak

soldat

architekt

arquitecte

pokladník

caixera

kvetinár

florista

kaderník

perruquer

sprievodca

revisor

mechanik

mecànic

kapitán

capità

zubár

dentista

vedec

científic

rabín

rabí

imám

imam

mních

monjo

farár

capellà

náradie
eines

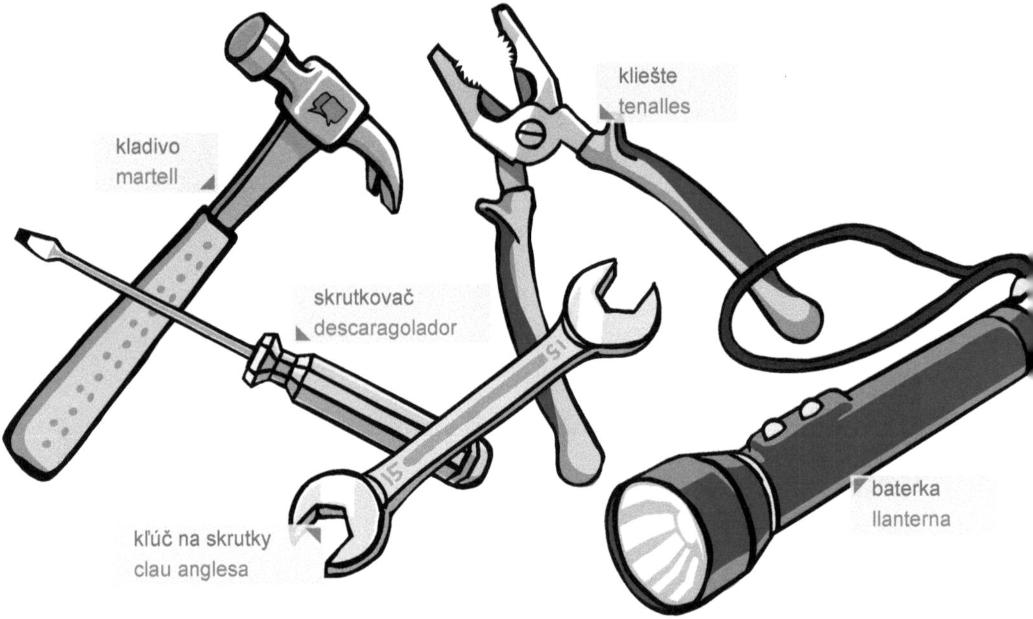

kladivo
martell
kliešte
tenalles
skrutkovač
descaragolador
kľúč na skrutky
clau anglesa
baterka
llanterna

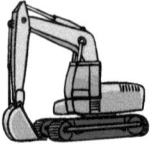

bager

excavadora

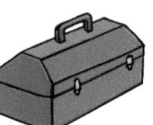

súprava náradia

caixa d'eines

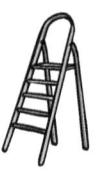

rebrík

escala

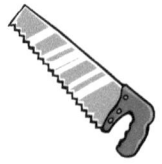

pílka

serra

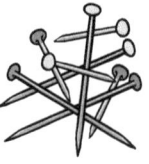

klince

claus

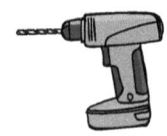

vrták

trepant

opraviť
reparar

lopata
pala

Do čerta!
Maleït siga!

lopatka na smeti
pala

nádoba s farbou
pot de pintura

skrutky
caragols

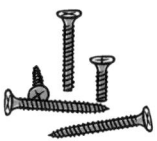

hudobné nástroje
instrument de música

reproduktor
altaveu

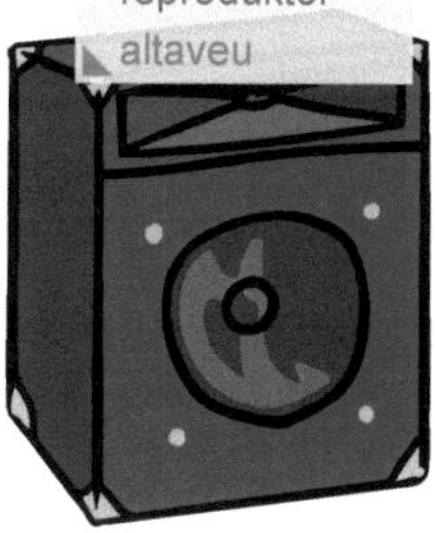

bicie
bateria

gitara
guitarra

kontrabas
contrabaix

trúbka
trompeta

klavír
piano

husle
violí

basa
baix

tympany
timbal

bubon
tambor

klávesnica
teclat

saxofón
saxofon

flauta
flauta

mikrofón
micròfon

ZOO

zoo

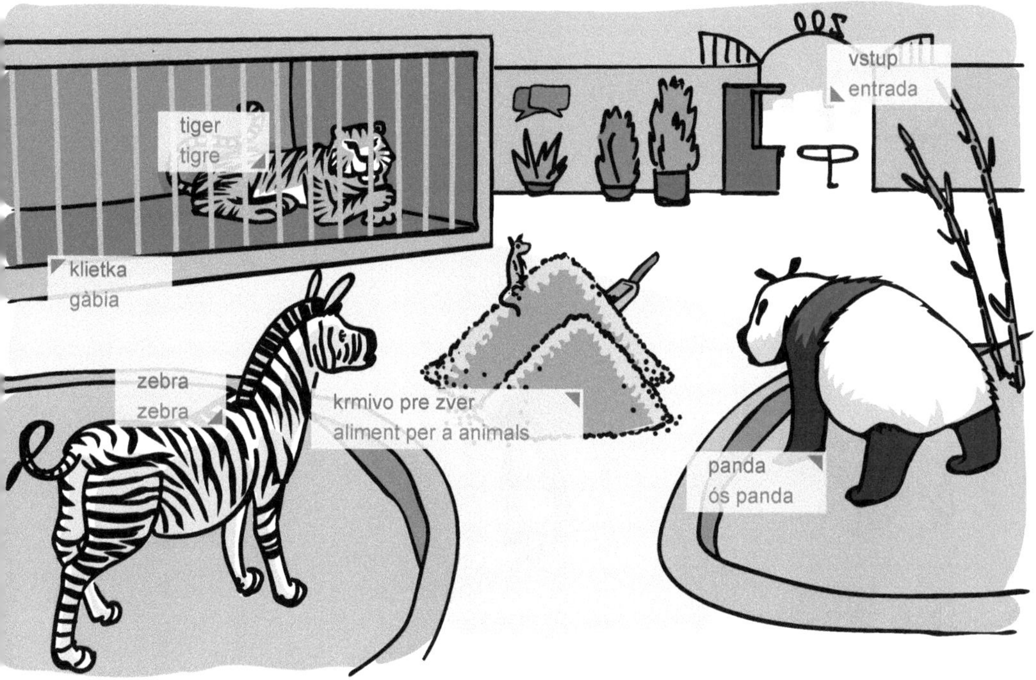
vstup
entrada
tiger
tigre
klietka
gàbia
zebra
zebra
krmivo pre zver
aliment per a animals
panda
ós panda

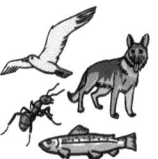

zvieratá

animals

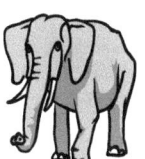

slon

elefant

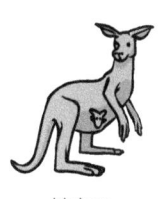

klokan

cangurú

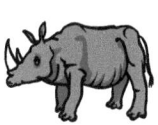

nosorožec

rinoceront

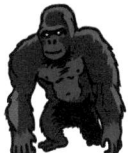

gorila

goril·la

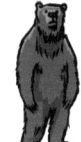

medveď

ós

ťava

camell

pštros

estruç

lev

lleó

opica

simi

plameniak

flamenc

papagáj

papagai

ľadový medveď

ós polar

tučniak

pingüí

žralok

ca mari

páv

paó

had

serp

krokodíl

cocodril

ošetrovateľ v ZOO

guardià del zoo

tuleň

foca

jaguár

jaguar

poník

poni

leopard

lleopard

hroch

hipopòtam

žirafa

girafa

orol

àliga

diviak

senglar

ryba

peix

korytnačka

tortuga

mrož

morsa

líška

guineu

gazela

gasela

americký futbal
futbol americà

cyklistika
ciclisme

tenis
tenis

basketbal
bàsquet

plávanie
natació

box
boxa

hokej
hoquei sobre gel

futbal
futbol americà

bedminton
bàdminton

ľahká atletika
atletisme

hádzaná
handbol

lyžovanie
esquí

pólo
polo

aktivity
activitats

skočiť
saltar
objať
abraçar
smiať sa
riure
chodiť
anar
spievať
cantar
snívať
somiar
modliť sa
pregar
pobozkať
fer un petó

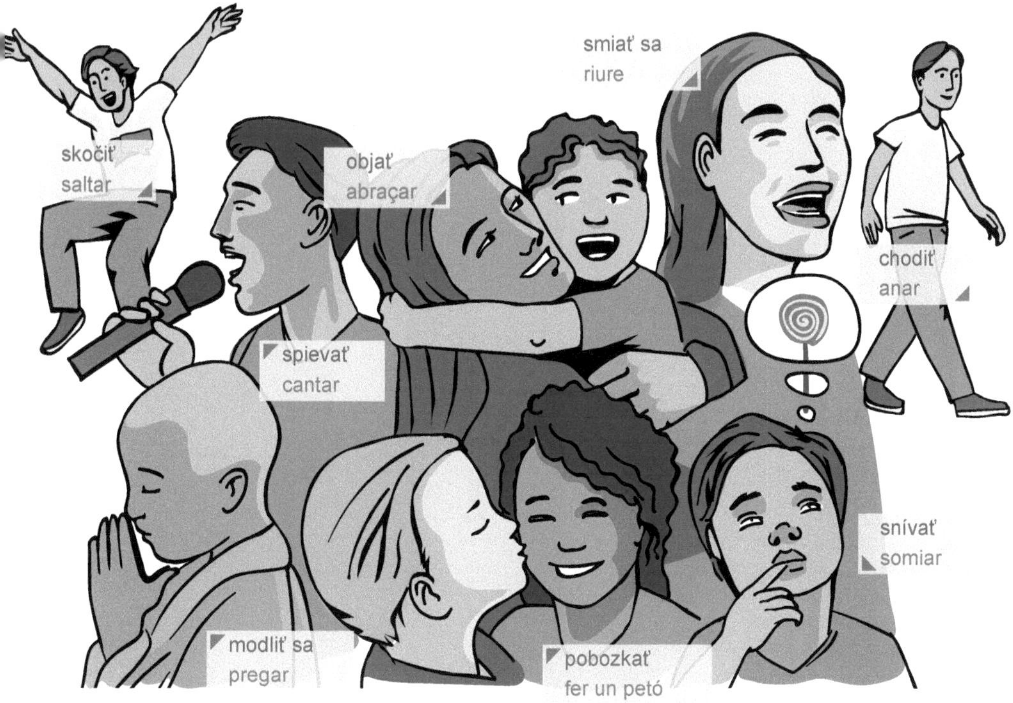

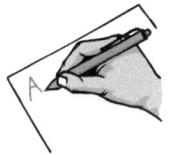

písať

escriure

kresliť

dibuixar

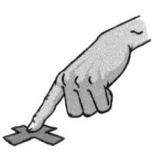

ukázať

mostrar

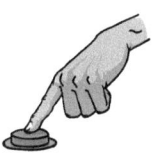

tlačiť

pitjar

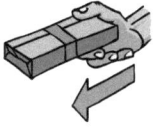

dať

donar

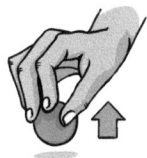

brať

prendre

mať

tenir

robiť

fer

byť

ésser

stáť

estar dret

bežať

córrer

ťahať

estirar

hádzať

llançar

padnúť

caure

ležať

jeure

čakať

esperar

nosiť

portar

sedieť

asseure's

obliecť sa

vestir-se

spať

dormir

zobudiť sa

despertar-se

pozerať
mirar

plakať
plorar

hladkať
amoixar

česať
pentinar

hovoriť
parlar

rozumieť
comprendre

pýtať sa
demanar

počuť
escoltar

piť
beure

jesť
menjar

upratať
endreçar

milovať
estimar

variť
cuinar

jazdiť
conduir

letieť
volar

plachtiť

navegar

počítať

calcular

čítať

llegir

učiť sa

aprendre

pracovať

treballar

oženiť

casar-se

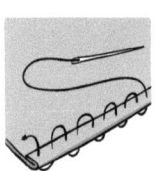

šiť

cosir

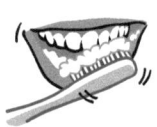

čistiť zuby

raspallar-se les dents

zabiť

matar

fajčiť

fumar

poslať

enviar

stará mama
àvia

starý otec
avi

otec
pare

mama
mare

bábo
nadó

dcéra
filla

syn
fill

hosť
············
convidat

teta
············
tia

strýko
············
oncle

brat
············
germà

sestra
············
germana

telo

cos

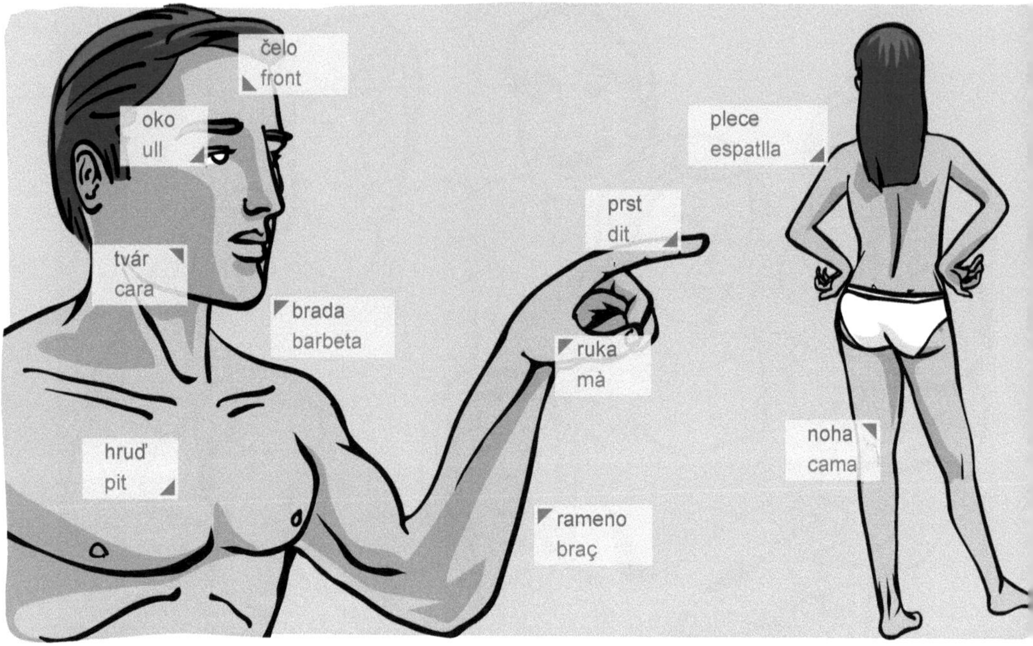

čelo
front
oko
ull
plece
espatlla
prst
dit
tvár
cara
brada
barbeta
ruka
mà
noha
cama
hruď
pit
rameno
braç

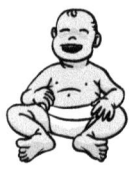

bábo

nadó

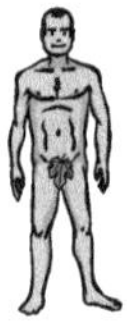

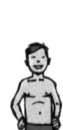

muž

home

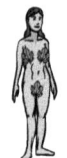

žena

dona

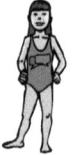

dievča

noia

chlapec

noi

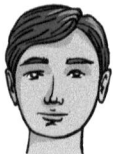

hlava

cap

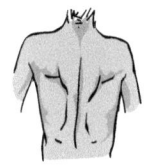

chrbát

esquena

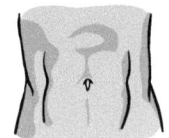

brucho

panxa

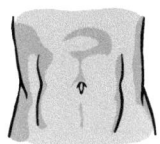

pupok

melic

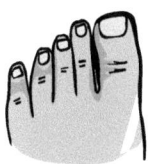

prst na nohe

dit gros del peu

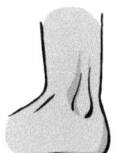

päta

taló

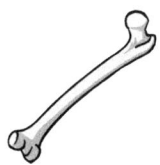

kosť

os

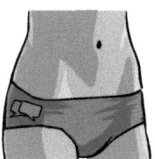

bok

maluc

koleno

genoll

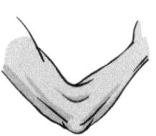

lakeť

colze

nos

nas

zadok

cul

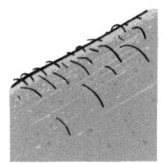

koža

pell

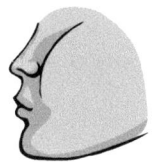

líce

galta

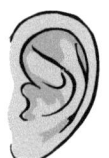

ucho

orella

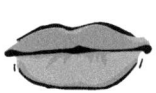

pery

llavi

telo - cos

ústa

boca

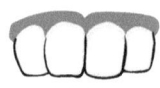

zub

dent

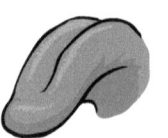

jazyk

llengua

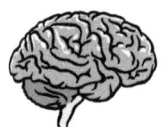

mozog

cervell

srdce

cor

svaly

múscul

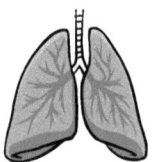

pľúca

pulmó

pečeň

fetge

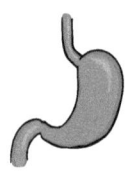

žalúdok

estómac

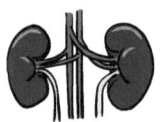

obličky

ronyó

pohlavný styk

relació sexual

kondóm

preservatiu

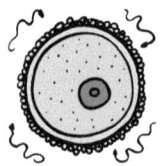

vaječná bunka

ovari

semeno

semen

tehotenstvo

prenyat

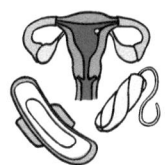

menštruácia

menstruáció

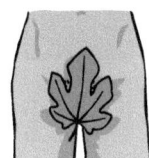

vagína

vagina

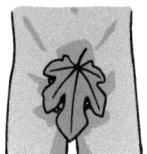

penis

penis

obočie

cella

vlasy

cabells

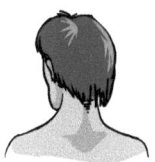

krk

coll

nemocnica
hospital

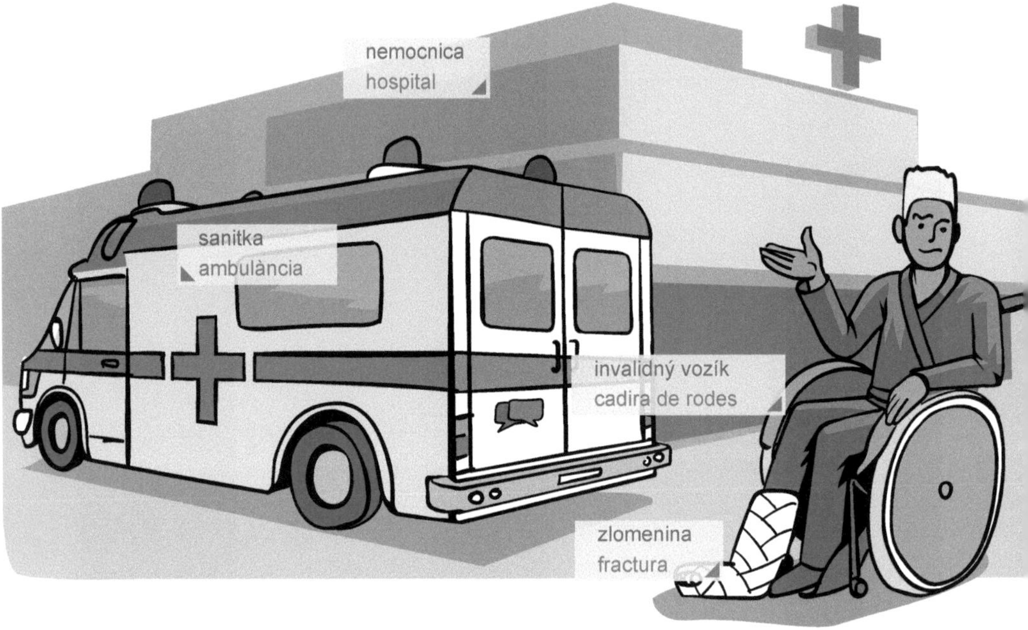

nemocnica
hospital
sanitka
ambulància
invalidný vozík
cadira de rodes
zlomenina
fractura

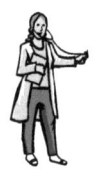

lekár

doctora

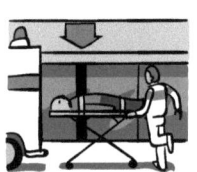

urgentný príjem

sala d'urgències

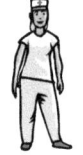

sestrička

infermera

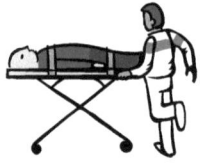

urgentný prípad

urgència

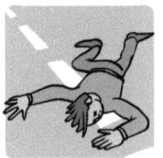

v bezvedomí

inconscient

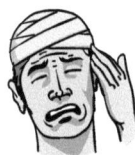

bolesť

dolor

zranenie

ferida

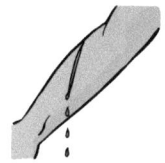

krvácanie

sagnament

srdcový infarkt

atac de cor

mozgová porážka

apoplexia

alergia

al·lèrgia

kašeľ

tos

teplota

febre

chrípka

gripa

hnačka

diarrea

bolesť hlavy

mal de cap

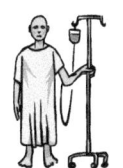

rakovina

càncer

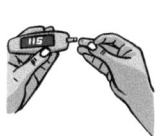

cukrovka

diabetis

chirurg

cirurgià

skalpel

escalpel

operácia

operació

CT

tomografia computada (TC), TAC

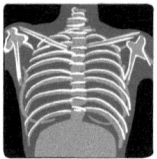

RTG

raigs x

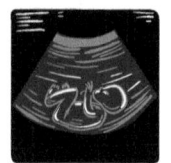

ultrazvuk

ultrasò

maska

mascareta

choroba

malaltia

čakáreň

sala d'espera

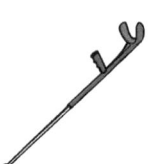

barla

crossa

náplasť

tireta

obväz

embenat

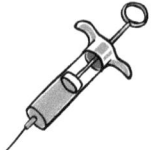

injekcia

injecció

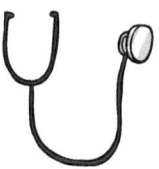

fonendoskop

estetoscopi

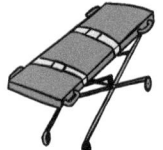

nosidlá

llitera

teplomer

termòmetre clínic

pôrod

pariment

nadváha

sobrepès

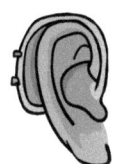

audiofón

aparell auditiu

dezinfekčný prostriedok

desinfectant

infekcia

infecció

vírus

virus

HIV / AIDS

VIH / SIDA

medicína

medicina

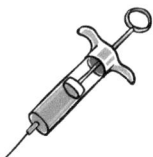

očkovanie

vaccí

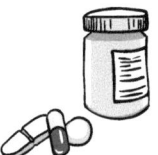

tabletky

comprimits

antikoncepčná pilulka

píl·lola

tiesňové volanie

trucada d'urgència

tlakomer

tensiòmetre

chorý / zdravý

malalt / sà

Pomoc!

Socors!

alarm

alarma

prepad

assalt

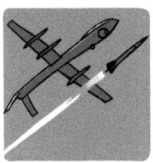

útok

atac

nebezpečenstvo

perill

núdzový východ

sortida-eixida d'urgència

Horí!

Foc!

hasičský prístroj

extintor

nehoda

accident

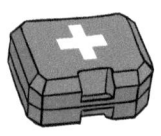

kufrík prvej pomoci

farmaciola de primers
auxilis

SOS

SOS

polícia

policia

Európa

Europa

Severná Amerika

Amèrica del Nord

Južná Amerika

Amèrica del Sud

Afrika

Àfrica

Ázia

Àsia

Austrália

Austràlia

Atlantický oceán

Atlàntic

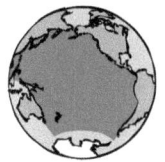

Tichý oceán

Pacífic

Indický oceán

Oceà Índic

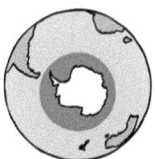

Južný oceán

Oceà Antàrtic

Severný ľadový oceán

Oceà Àrtic

Severný pól

pol nord

Južný pól

pol sud

Antarktída

Antàrtida

Zem

terra

krajina

país

more

mar

ostrov

illa

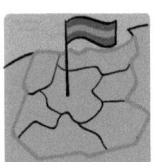

národ

nació

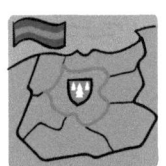

štát

estat

ciferník

quadrant

hodinová ručička

agulla de les hores

minútová ručička

agulla dels minuts

sekundová ručička

agulla dels segons

Koľko je hodín?

Quina hora és?

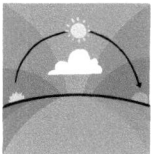

deň

dia

čas

temps

teraz

ara

digitálne hodiny

rellotge digital

minúta

minut

hodina

hora

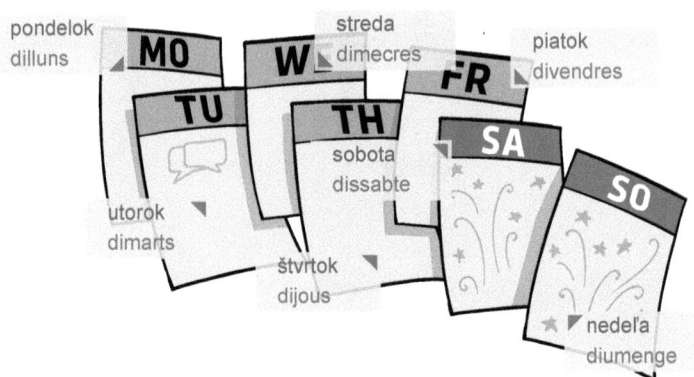

pondelok
dilluns

streda
dimecres

piatok
divendres

utorok
dimarts

sobota
dissabte

štvrtok
dijous

nedeľa
diumenge

včera
....
ahir

dnes
....
avui

zajtra
....
demà

ráno
....
matí

poludnie
....
migdia

večer
....
tarda

pracovné dni
....
dia feiner

víkend
....
cap de setmana

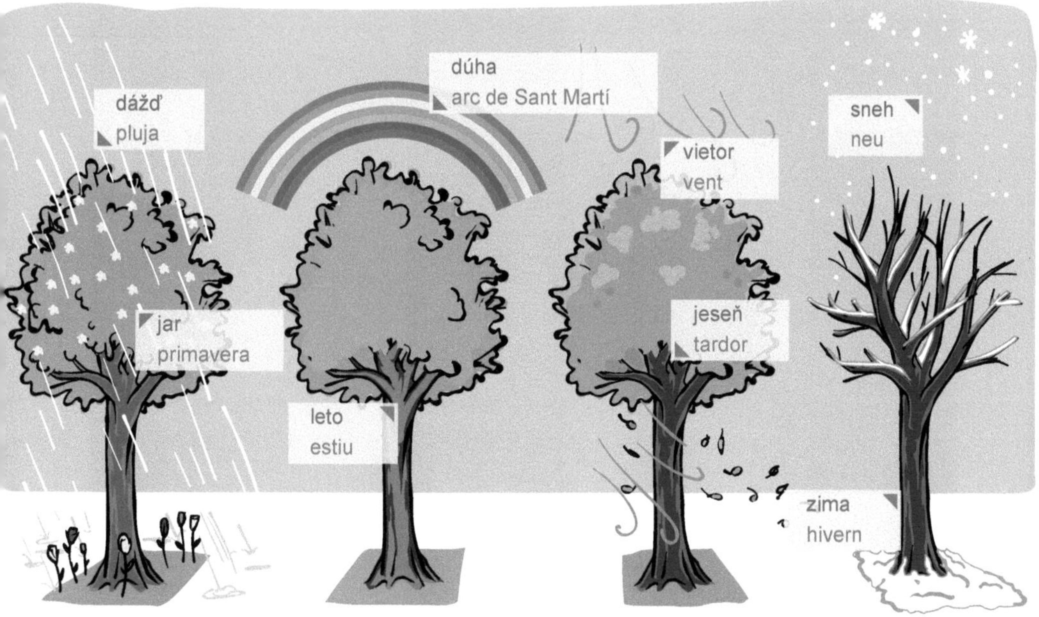

dážď
pluja

dúha
arc de Sant Martí

sneh
neu

vietor
vent

jar
primavera

jeseň
tardor

leto
estiu

zima
hivern

4.APRIL	11°	☀
5.APRIL	4°	
6.APRIL	13°	
7.APRIL	8°	❄
8.APRIL	10°	☀

predpoveď počasia
....
pronòstic del temps

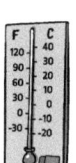

teplomer
....
termòmetre

slnečný svit
....
llum del sol

oblak
....
núvol

hmla
....
boira

vlhkosť vzduchu
....
humiditat de l'aire

blesk

llamp

hrom

tro

búrka

tempesta

krúpy

calamarsa

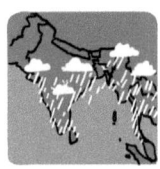

monzún

monsó

záplava

inundació

ľad

gel

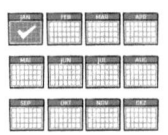

január

gener

február

febrer

marec

març

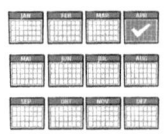

apríl

abril

máj

maig

jún

juny

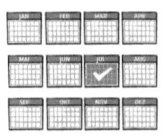

júl

juliol

august

agost

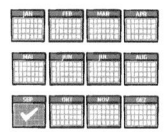

september

setembre

október

octubre

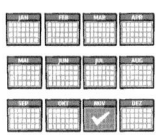

november

novembre

december

desembre

tvary

formes

kruh

cercle

štvorec

quadrat

obdĺžnik

rectangle

trojuholník

triangle

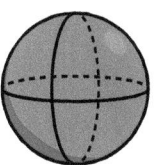

guľa

esfera

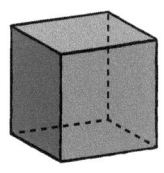

kocka

cub

biela

blanc

žltá

groc

oranžová

taronja

ružová

rosa

červená

vermell

fialová

lila

modrá

blau

zelená

verd

hnedá

marró

šedá

gris

čierna

negre

veľa / málo

molt / poc

zúrivý / pokojný

emprenyat / tranquil

pekný / škaredý

bonic / lleig

začiatok / koniec

començament / fi

veľký / malý

gran / petit

svetlý / tmavý

clar / fosc

brat / sestra

germà / germana

čistý / špinavý

net / brut

úplný / neúplný

complet / incomplet

deň / noc

dia / nit

mŕtvy / živý

mort / viu

široký / úzky

ample / estret

chutný / nechutný

comestible / immenjable

zlostný / láskavý

dolent / amable

vzrušený / unudený

entusiasmat / entediat

tlstý / chudý

gros / prim

prvý / posledný

primer / darrer

priateľ / nepriateľ

amic / enemic

plný / prázdny

ple / buit

tvrdý / mäkký

dur / tou

ťažký / ľahký

pesant / lleuger

hlad / smäd

gana / set

chorý / zdravý

malalt / sà

nelegálny / legálny

il·legal / legal

inteligentný / hlúpy

intel·ligent / ximple

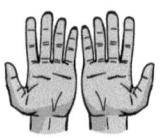

vľavo / vpravo

esquerra / dreta

blízko / ďaleko

prop / llunyà

nový / použitý

nou / usat

nič / niečo

res / quelcom

starý / mladý

vell / jove

zapnuté / vypnuté

encès / apagat

otvorené / zatvorené

obert / tancat

tichý / hlasný

silenciós / sorollós

bohatý / chudobný

ric / pobre

správne / nesprávne

correcte / incorrecte

drsný / hladký

aspre / suau

smutný / šťastný

trist / content

krátky / dlhý

curt / llarg

pomaly / rýchlo

lent / ràpid

mokrý / suchý

humit / sec - eixut

teplý / studený

calent / fred

vojna / mier

guerra / pau

0

nula

zero

1

jeden

u

2

dva

dos

3

tri

tres

4

štyri

quatre

5

päť

cinc

6

šesť

sis

7

sedem

set

8

osem

vuit

9

deväť

nou

10

desať

deu

11

jedenásť

onze

12

dvanásť

dotze

13

trinásť

tretze

14

štrnásť

catorze

15

pätnásť

quinze

16

šestnásť

setze

17

sedemnásť

disset

18

osemnásť

divuit

19

devätnásť

dinou

20

dvadsať

vint

100

sto

cent

1.000

tisíc

mil

1.000.000

milión

milió

angličtina

anglès

americká angličtina

anglès americà

mandarínska čínština

xinès mandarí

hindčina

hindi

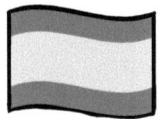

španielčina

espanyol

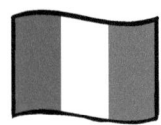

francúzština

francès

arabčina

àrab

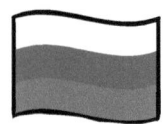

ruština

rus

portugalčina

portuguès

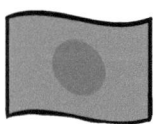

bengálčina

bengalí

nemčina

alemany

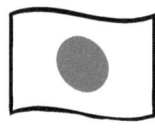

japončina

japonès

ja
jo

ty
tu

on/ona/ono
ell / ella / allò

my
nosaltres

vy
vosaltres

oni
ells

kto?
qui?

čo?
què?

ako?
com?

kde?
on?

kedy?
quan?

meno
nom

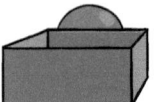

za
....
darrere

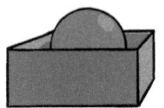

v
....
en

pred
....
davant de

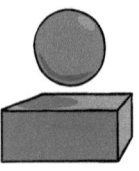

nad
....
damunt

na
....
sobre

pod
....
sota

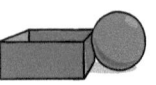

vedľa
....
al costat

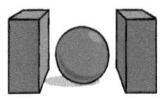

medzi
....
entre

miesto
....
lloc